KERRY HAU

ERLING HAALAND

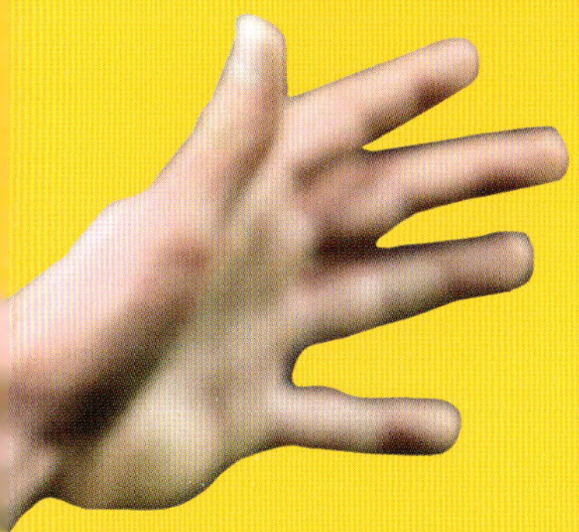

DAS GROSSE FANBUCH

VERLAG DIE WERKSTATT

INHALT

BVB

VORWORT

Norwegens Stolz, Dortmunds Held: Erling Haaland ist mit Anfang 20 einer der besten und begehrtesten Stürmer der Welt. Seine Geschichte liest sich wie die eines besessenen Arbeiters, dem gut nie gut genug ist.

Es gibt so einige talentierte Kicker in Europas Ligen, denen zuzutrauen ist, in die Fußstapfen alternder Weltstars wie Lionel Messi oder Cristiano Ronaldo zu treten. Keiner macht aber so sehr von sich reden wie Erling Haaland, ein 1,94 Meter großer und knapp 90 Kilogramm schwerer Kraftprotz aus Norwegen, der im Trikot von Borussia Dortmund Rekorde bricht wie am Fließband.

Dank seiner grandiosen Leistungen in der Bundesliga, aber auch in der Champions League, dem bekanntesten und prestigeträchtigsten Vereinswettbewerb in der Welt des Fußballs, füllt der Torjäger mit der blonden Mähne Woche für Woche die Schlagzeilen der internationalen Presse. Seine energischen Läufe in die Sturmspitze und seine wuchtigen Abschlüsse aus allen Lagen lehren seinen Gegenspielern das Fürchten.

Dabei wussten im Januar 2019 nur Fußball-Insider, wer Erling Haaland überhaupt ist. Damals wechselte er im Alter von 18 Jahren vom norwegischen Erstligisten Molde FK zu RB Salzburg nach Österreich. Der Sohn des früheren Profis Alf-Inge Haaland galt zwar als hochveranlagter Stürmer, mit einer Explosion wie in den darauffolgenden 24 Monaten rechnete dennoch fast niemand. Ein zentraler Grund dafür ist sein schon früh angeeigneter Arbeitseifer, mit dem er sich bis heute von vielen anderen Talenten abhebt. Hinzu kommen seine kindliche Unbekümmertheit und die erwachsene Kaltschnäuzigkeit, wodurch er zu einem absoluten „Vollblutstürmer“ wurde.

In diesem Buch lernst du Erling Haaland kennen und erfährst einiges über seine noch junge Karriere. Es nimmt dich mit auf eine Reise, die in seiner frühesten Kindheit in der norwegischen Provinz beginnt und über Molde und Salzburg nach Dortmund führt. Das Buch befasst sich außerdem mit seinem Leben abseits des Fußballplatzes, seiner Persönlichkeit, seiner Familie und seinem Ruhm, der nicht nur in Deutschland stetig wächst. Selbst wenn du kein BVB-Fan bist, kannst du dich am Talent des Erling Haaland erfreuen.

Es gibt wenige Fußballer, die so viel Fleiß und zugleich so viel Spaß an den Tag legen wie Erling Haaland.

Haaland sorgt nicht nur im Trikot des BVB, sondern auch bei der norwegischen Nationalmannschaft für Furore.

DIE FRÜHEN JAHRE

Der BVB-Star bekam die Begeisterung für Sport in die Wiege gelegt. Obwohl er auch Handball mochte, zeichnete sich schnell ab, dass er in die Fußstapfen seines Vaters treten würde.

Erling Haaland wurde am 21. Juli 2000 in Leeds, einer Stadt in der nordenglischen Grafschaft Yorkshire, geboren. Sein Vater Alf-Inge, genannt Alfie, verdiente sein Geld zur damaligen Zeit beim Premier-League-Klub Leeds United, wechselte aber kurz darauf zu Manchester City.

Nach seinem Karriereende im Sommer 2003 entschieden sich Alfie und seine Frau Gry Marita, eine ehemalige Leichtathletin, für ein ruhigeres und behüteteres Leben in der Heimat. Also zog die Familie, der auch Erlings älterer Bruder Astor und die jüngere Schwester Gabrielle angehörten, von Manchester nach Bryne. In der im südwestlichen Zipfel Norwegens gelegenen 12.000-Einwohner-Stadt entdeckte Haaland junior schnell seine Leidenschaft für den Sport. Er trat in einen Handballverein ein, machte sich in der Schule zudem einen Namen als herausragender Standweitspringer. Seine große Liebe war jedoch von Anfang an Fußball.

Deshalb brachte sein Vater ihn als Fünfjährigen zum Bryne Fotballklubb. Alfie selbst hatte bei dem norwegischen Pokalsieger von 1987 seine ersten Schritte als Fußballer gemacht und in der zweiten Liga für ihn gespielt, er kannte noch viele Mitarbeiter und Trainer im Juniorenbereich. Erling wusste bereits in seiner ersten Trainingseinheit mit mehreren Torerfolgen auf sich aufmerksam zu machen. Sein Talent sprach sich rasch herum, und auch weil er immer so ehrgeizig bei der Sache war, steckte ihn sein erster Trainer Alf Ingve Berntsen nach nur wenigen Wochen in einen älteren Jahrgang. „Erling war viel zu gut für seine Altersklasse“, erinnert sich Berntsen.

Also musste sich Haaland junior fortan gegen ältere und kräftigere Jungs behaupten. Doch das war kein Problem, weil er sich fernab der üblichen Trainingseinheiten stundenlang mit Freunden oder seinem Bruder auf den frei zugänglichen Sportanlagen der Stadt zum Kicken traf und sich dadurch stetig verbesserte. Ob nun auf den in Norwegen beliebten Kunstrasenplätzen oder in Hallen – der Nachwuchsstürmer liebte es, Zeit mit dem runden Leder zu verbringen.

Erling Haaland wurde im Jahr 2000 in England geboren, wo sein Vater Alfie zu jener Zeit sein Geld als Profi bei Leeds United verdiente.

PUMA
Packard

NÄCHSTE SCHRITTE

Haalands Fähigkeiten machten sich in Bryne früh bemerkbar. Ein Wechsel zu einem bekannteren Verein kam für ihn und seine Familie zunächst aber nicht in Frage.

Der Bryne FK war zwar einst in der höchsten norwegischen Spielklasse aktiv, verfügte aber nicht ansatzweise über die finanziellen Möglichkeiten, um seinen Talenten erstligawürdige Trainingsbedingungen zu ermöglichen.

Was für so manchen Jugendspieler mit karrierebesessenen Eltern ein Argument wäre, sich einem renommierteren Klub mit besserer Infrastruktur anzuschließen, spielte für Haaland und seine Familie keine Rolle. Er blieb daher zunächst weiter in der norwegischen Provinz, was vor allem Alfie zu verantworten hatte, der seinen Sohn einfach spielen ließ, anstatt Zukunftspläne zu schmieden.

„Ich habe nie erlebt, wie Alfie in irgendeiner Weise Druck auf Erling ausübte. Nicht vor oder nach den Spielen, nicht im oder nach dem Training", erzählt Haalands Jugendtrainer Berntsen. „Er wollte einfach, dass sein Sohn eine gute Zeit hat." Die hatte er, andernfalls wäre er wohl kaum zu derart beeindruckenden Leistungen fähig gewesen.

Erling schoss bereits in der Jugend Tore am Fließband, weshalb natürlich Scouts aus der Region auf ihn aufmerksam wurden. Sein Jahrgang galt zudem als „besonders talentiert", wie Berntsen berichtet. Jeder ging mit großem Fleiß zu Werke, und man trieb sich gegenseitig zu Höchstleistungen. Haaland habe schon mit 12 „wie ein Top-Athlet" gelebt und „alles" dem Traum Profifußballer untergeord-

Immer mit Freude bei der Sache: Haaland (links unten) als Jugendspieler bei FK Bryne.

Eintrag in die Geschichtsbücher von Bryne FK: Erling Haaland ist mit Jonatan Braut Brunes (rechts) der jüngste Spieler der Profi-Mannschaft.

net, so Berntsen. Der junge Stürmer nahm sich offensichtlich ein Beispiel an seinen zwei Lieblingsspielern, Cristiano Ronaldo und Zlatan Ibrahimovic, die beide neben ihren Torjägerqualitäten auch für unermüdlichen Ehrgeiz in Bezug auf Training und Ernährung stehen.

Der Blondschopf war demnach schon als Pubertierender übermäßig fit, wenngleich er aufgrund plötzlicher Wachstumsschübe hin und wieder über Schmerzen klagte. In Bryne ahnten sie aufgrund seiner fußballerischen Begabung aber, dass dieser Junge für Höheres bestimmt war.

Erling Haaland erlernte das Fußballspielen in Bryne.

DER WEG NACH MOLDE

Nach seinem Profidebüt mit nur 15 Jahren in Norwegens zweiter Liga war Haaland für Bryne nicht mehr zu halten.

Pfeilschnell, taktisch klug, mit guten Bewegungen im Strafraum und tollem Abschluss gesegnet – Haaland brachte schon mit 15 vieles mit, was ein guter Stürmer mitbringen muss.

Kein Wunder, dass ihn der norwegische Fußballverband im September 2015 erstmals zur U15-Nationalelf berief. In zwei Testspielen gegen Schweden traf er jeweils zweimal. Kurz darauf rückte er auch in Brynes zweite Mannschaft auf, die damals in der vierten Liga aktiv war. Da ihm in seinen ersten 14 Spielen für die Reserve wahnsinnige 18 Tore gelangen, kamen die Verantwortlichen des Klubs nicht umher, ihn schneller als gedacht zur ersten Mannschaft zu beordern.

Und so feierte der junge Schlaks am 12. Mai 2016, knapp zwei Monate vor seinem 16. Geburtstag, sein

Haaland im Trikot der norwegischen U15.

Profidebüt gegen Ranheim Fotball in der zweiten Liga. Ein besonderer Tag, der ihm nun langsam auch in anderen Teilen des Landes Bekanntheit bescherte.

Allerdings ging es in der zweiten Liga weitaus körperbetonter zu als in der vierten, weshalb der noch lange nicht vollständig ausgewachsene Haaland unter Brynes Proficoach Gaute Larsen meist nur von der Ersatzbank kam. In 16 Einsätzen blieb er ohne eigenen Treffer. Der Teenager war schlichtweg noch nicht muskulös genug, um sich so einfach durchzusetzen wie im Nachwuchsbereich. Vor allem seine technischen Fähigkeiten blitzten aber immer wieder auf, sodass die großen Klubs des Landes mehr und mehr an seine Tür klopften. „Erling wusste, dass er nicht in Bryne bleiben konnte“, so sein ehemaliger Jugendtrainer Berntsen.

Und so unterschrieb das Offensivjuwel Anfang Februar 2017 bei Molde FK, dem nach Rekordmeister Rosenborg Trondheim inzwischen größten Aushängeschild des norwegischen Fußballs. Es war der erste große und wichtige Schritt in der gerade erst begonnenen Profilaufbahn des Erling Haaland.

Nach seinen starken Leistungen in Bryne wechselte Haaland zum Erstligisten Molde.

SEIN DURCHBRUCH IN NORWEGEN

In Molde entwickelte sich Haaland auch dank eines extremen Wachstumsschubs zur Tormaschine.

Haaland wechselte in dem Wissen nach Molde, nicht auf Anhieb Stammspieler zu sein. Er trainierte zwar mit den Profis, absolvierte zunächst aber hauptsächlich Spiele für die Reserve oder die U19, die immerhin in der sogenannten „Youth League", der vom europäischen Fußballverband UEFA durchgeführten Champions League für Nachwuchsspieler, aktiv war.

Sein Debüt für die „Großen" feierte er im April 2017 im norwegischen Pokal, bis er zwei Monate später auch erstmals in der ersten Liga zum Einsatz kam. Ole Gunnar Solskjær, der damalige Trainer der Molde-Profis, sah in dem Neuankömmling ein „riesiges Talent mit enormer Willensstärke", erkannte aber auch, dass dieser noch ein wenig Zeit benötigen würde, um zu einem festen Bestandteil seines Teams zu reifen.

Haaland saugte jeden Ratschlag von dem ehemaligen norwegischen Nationalspieler und Angreifer von Manchester United auf, legte nach jedem Training Extraschichten ein. Das brachte ihm bis zum Jahresende immerhin 14 Liga-Einsätze ein. Seine Ausbeute an Torbeteiligungen (zwei Tore, eine Torvorlage) hielt sich noch in Grenzen. 2018 glückte ihm aber Schritt

Hungrig auf Tore: Für Molde traf Haaland 20-mal in 50 Einsätzen.

Haaland im August 2018 während der Europa League Playoffs mit Molde gegen Zenit St. Petersburg.

Ende 2018 erhielt der junge Blondschopf die Auszeichnung zum „Newcomer des Jahres".

für Schritt der Durchbruch, Solskjær ermöglichte ihm immer mehr Einsätze.

Beschleunigt wurde Haalands Reifeprozess durch einen weiteren extremen Wachstumsschub. Während seiner Zeit bei Molde wuchs er um 17 Zentimeter und nahm rund 20 Kilogramm zu. Er war plötzlich kein Hänfling mehr, seine Mitspieler nannten ihn fortan „Manchild", das männliche Kind. Durch seine robustere Statur stieg nicht nur sein Selbstvertrauen, er kam auch schneller und einfacher zu Erfolgserlebnissen auf dem Platz. Der Knoten bei dem nun über 1,90 Meter großen Angreifer platzte endgültig am 1. Juli 2018, als er Brann Bergen innerhalb der ersten 17 Minuten vier Tore einschenkte.

Das Besondere dabei: Der Gegner war nicht irgendein Gegner, sondern zu jenem Zeitpunkt Norwegens Tabellenführer mit den ligaweit wenigsten Gegentoren. Branns österreichischer Torhüter Samuel Sahin-Radlinger konnte es nicht fassen: „Du kassierst in 14 Ligaspielen sechs Gegentore und dann bekommst du in nicht mal 20 Minuten von einem 17-Jährigen vier Buden eingeschenkt. Das ist schon Wahnsinn. Wir waren alle geschockt."

Nach jenem Auftritt wusste jeder Fußballfan in Norwegen, wer Erling Haaland war. Und immer mehr Scouts aus ganz Europa pilgerten nun Woche für Woche in den hohen Norden, um sich aus nächster Nähe ein Bild von ihm zu machen.

DER WECHSEL ZU SALZBURG

Neben anderen Spitzenklubs wollte vor allem Juventus Turin den neuen Stern am norwegischen Fußball-Himmel verpflichten. Doch Haaland schlug einen anderen Weg ein.

Nach fast zwei Jahren bei Molde FK mit 20 Treffern in 50 Pflichtspielen jagte halb Europa den neuen Shootingstar. Die englische Zeitung *Guardian* berichtete, dass bis Januar 2019 mehr als 20 Vereine an Haaland herangetreten seien, um ihn unter Vertrag zu nehmen. Darunter der englische Rekordmeister Manchester United, der im Dezember 2018 seinen Förderer Solskjær als neuen Cheftrainer für sich gewonnen hatte und händeringend nach einem neuen Mittelstürmer suchte. Allen voran aber Juventus Turin, Italiens Spitzenverein Nummer eins, der ihm tatsächlich anbot, mit seinem großen Idol Cristiano Ronaldo auf Torejagd zu gehen. Haaland aber lehnte dankend ab.

Erling Haaland wenige Tage nach seiner Ankunft in Salzburg.

Haaland wird von seinen neuen Mitspielern begrüßt.

„Ich war natürlich von Juventus' Interesse geschmeichelt", sagte er später in einem Interview, „aber ich dachte, dass es zu früh war, dorthin zu gehen." Auch, weil es einen Verein gab, der ihm eine klare Perspektive in einem ruhigen Umfeld ohne großen medialen Trubel aufzeigte: Red Bull Salzburg. Der österreichische Serienmeister hatte bereits 2016 erste Späher nach Skandinavien entsandt, um Haaland bei Spielen für die norwegische U16 zu beobachten und daraufhin Kontakt zu ihm und seiner Familie aufzubauen.

„Seine positive Energie und Ausstrahlung und sein unbedingter Wille, in jedem Spiel Tore zu erzielen, sind uns am meisten ins Auge gestochen", verriet der Salzburger Sportdirektor Christoph Freund, als Haaland im Januar 2019 in Österreich anheuerte. Die Mozartstädter überwiesen für den damals 18-Jährigen sage und schreibe acht Millionen Euro nach Molde. Eine Summe, die zeigt, dass mit Haalands Leistungen auch sein Marktwert explosionsartig anstieg. Sein erster Vereinswechsel von Bryne nach Molde war nämlich für eine Ausbildungsentschädigung in Höhe von gerade einmal 100.000 Euro über die Bühne gegangen.

SCHWIERIGER START IN ÖSTERREICH

Zu Beginn seiner Zeit in Salzburg kam Haaland nur selten zum Zug. Es war eine seiner problematischsten Phasen in seiner bisherigen Zeit als Profi.

Aller Anfang ist schwer, gerade wenn man als 18-Jähriger seine Heimat und damit auch sein gewohntes Umfeld mit wichtigen Bezugspersonen zurücklässt. Im über 2.200 Kilometer entfernten Salzburg musste sich Haaland erst einmal mit einer Reservistenrolle begnügen, denn er stieß mitten in der Saison zu den „Bullen“ und traf mit Marco Rose auf einen Trainer, der nicht allzu viel an seiner gut funktionierenden Offensive verändern wollte. Munas Dabbur, Patson Daka, Fredrik Gulbrandsen und Smail Prevljak standen allesamt vor dem „Bubi“ aus Norwegen.

In vielen Spielen schaffte es Haaland nicht einmal in den Kader von Rose, letztlich sammelte er in der österreichischen Bundesliga, im Pokal sowie in der Europa League nur 150 Spielminuten. Dabei gelang ihm immerhin ein Treffer bei einem 2:1-Sieg gegen den Linzer ASK im Mai 2019.

Haaland sei „von Anfang an sehr fokussiert“ aufgetreten, berichtete der damalige Salzburger Coach rückblickend, habe allerdings „ein paar Wochen gebraucht“, um sich zum einen an seine neue Umgebung, zum anderen aber auch an die schnelle und taktisch variable Spielweise der Mozartstädter zu gewöhnen. Insofern sei „das erste halbe Jahr“ in Österreich „nicht so einfach“ für ihn gewesen – trotz des Gewinns des nationalen Doubles aus Meisterschaft und Pokal.

Wenig Grund zur Freude: In seinem ersten halben Jahr bei RB Salzburg spielte Haaland eher selten.

Unter Marco Rose (r.) war Haaland meist Ersatzspieler.

Haaland selbst machte sich nicht verrückt. Im Gegenteil: Der Teenager bewies Geduld und Durchhaltevermögen. Entscheidend hierfür waren seine Familie und seine Freunde, die ihm immer wieder Mut zusprachen. Aber auch die Verantwortlichen von Salzburg gaben ihm die nötige Unterstützung. „Mir wurde klar mitgeteilt, dass das erste halbe Jahr für mich schwierig sein würde“, sagte er. „Ab dem Sommer sollte ich aber in der Lage sein, eine führende Rolle im Team zu übernehmen.“

NEUN TORE FÜR DIE EWIGKEIT

Bei der U20-WM 2019 in Polen trumpfte Haaland für Norwegen auf. In einem Spiel erzielte er sogar sagenhafte neun Tore, die ihm viel Selbstvertrauen vor der neuen Saison mit Salzburg gaben.

Das erste halbe Jahr in Salzburg verlief keineswegs nach den Vorstellungen des ehrgeizigen Haaland. Umso besser, dass die U20-WM vor der Tür stand und seine Sommerferien noch ein wenig auf sich warten ließ. Das in Polen ausgetragene Turnier bot ihm eine schöne Gelegenheit, fernab seiner neuen Wahlheimat mit ein paar bekannten Gesichtern Zeit zu verbringen und Selbstvertrauen zu tanken, anstatt sich mit negativen Gedanken herumzuschlagen.

Letzteres schien völlig in die Hose zu gehen. Haaland und seine Kollegen legten einen Katastrophenstart in das Turnier hin, verloren die ersten beiden Spiele gegen Uruguay (1:3) und Neuseeland (0:2) und besiegelten damit das frühe Aus in der Gruppenphase. Dann aber kam das letzte Duell mit Honduras am 30. Mai, das zu einem denkwürdigen für den norwegischen Fußball werden sollte. Die Nachwuchskicker schossen sich ihren Frust von der Seele, gewannen mit 12:0. Neun Tore steuerte allein Haaland bei. Ja, neun Tore! Acht aus dem Spiel heraus, eins per Elfmeter. Damit pulverisierte er den Rekord des Brasilianers Adailton mit den meisten Treffern in einem Spiel bei einer U20-WM. Adailton hatte sich 1997 beim 10:3-Triumph der Südamerikaner gegen Südkorea sechsmal in die Torschützenliste eingetragen.

Jener Neunerpack bescherte dem gegen Uruguay und Neuseeland noch torlosen Haaland am Ende des Turniers die Torjägerkrone. „Ich bin sehr glücklich, auch wenn ich gerne noch mehr Spiele bei dieser WM absolviert hätte", sagte er. Dafür wollte er nun endlich auch bei RB Salzburg so richtig durchstarten.

Die Torfolge bei Norwegens 12:0-Sieg gegen Honduras:

1:0 Haaland (7.), 2:0 Haaland (20.), 3:0 Østigård (30.), 4:0 Haaland (36., Elfmeter), 5:0 Haaland (43.), 6:0 Hauge (46.), 7:0 Haaland (50.), 8:0 Haaland (67.), 9:0 Haaland (77.), 10:0 Markovic (82.), 11:0 Haaland (88.), 12:0 Haaland (90.)

Erling Haaland zeigt es an: 9 Treffer in einem Spiel.

Haaland erzielt einen seiner neun Treffer gegen Honduras.

EUROPAS BEGEHRTESTER STÜRMER

Haaland überzeugte nach der U20-WM auch in Salzburg. Binnen weniger Monate hatten ihn plötzlich mehrere Topvereine auf dem Zettel.

Neue Saison, neues Glück. Der mit einer großen Portion Unternehmungsgeist aus der Sommerpause 2019 zurückgekehrte Haaland ließ seinen Worten, er werde nach halbjähriger Anlaufzeit zu einem Anführer der Salzburger avancieren, Taten folgen. Das lag auch an der Ankunft des neuen Trainers Jesse Marsch, der den nach Mönchengladbach gewechselten Rose beerbte und dem Stürmer sofort sein Vertrauen aussprach.

Haaland sollte die Abgänge der Schlüsselspieler Gulbrandsen und Dabbur kompensieren, den kraftvollen und temporeichen Offensivfußball von Marsch maßgeblich prägen. Viel Anlaufzeit brauchte er dafür nicht. Allein zwischen dem 2. und 7. Spieltag der österreichischen Liga traf er elfmal, es folgten bis zum Ende der Hinrunde fünf weitere Treffer in diesem Wettbewerb. Der Höhepunkt seiner Zeit in Salzburg ereignete sich aber bereits am 17. September 2019, als er bei seinem Debüt in der Champions League gegen den KRC Genk innerhalb der ersten 45 Minuten einen Hattrick erzielte. Nie zuvor war das einem Königsklassen-Debütanten gelungen, die vorherigen Bestmarkenhalter Wayne Rooney (2004 für Manchester United), Raúl (1995 für Real Madrid) und Yakubu Aiyegbeni (2002 für Maccabi Haifa) hatten für ihren jeweiligen Dreierpack allesamt zwei Spielhälften benötigt.

„Das war das Verrückteste, was ich in meinem Leben je erlebt habe", sagte Haaland nach der Tor-Gala, die mit 6:2 aus Sicht der Mozartstädter endete.

Ein Foto für die Ewigkeit: Haaland jubelt nach seinem traumhaften Champions-League-Debüt gegen Genk vor den Fans im Salzburger Stadion.

In der Hinrunde der Saison 2019/20 startete Haaland in Salzburg durch.

Auch in vier der fünf übrigen Gruppenspiele trug sich die norwegische Sensation in die Torschützenliste ein – unter anderem gegen den Vorjahresgewinner FC Liverpool. Seine Treffsicherheit reichte Salzburg zwar nicht für den Einzug in die K.-o.-Phase, Haaland aber durfte sich fortan als begehrtester Stürmer in Europa bezeichnen. Als er Ende Dezember als bis dahin jüngster Spieler überhaupt zu „Österreichs Fußballer des Jahres“ gekürt wurde, schien der Schritt in eine absolute Top-Liga nur noch eine Frage von Tagen.

SEINE BESTEN TORE FÜR SALZBURG

Erling Haaland erzielte in 27 Pflichtspielen 29 Tore für RB Salzburg. Hier ist eine Auswahl seiner besten.

RB SALZBURG – LASK 2:1

BUNDESLIGA, 12. MAI 2019

Seinen ersten Treffer im Trikot von Salzburg erzielt er in typischer Haaland-Manier. 13 Minuten sind gespielt, als Patrick Farkas den Blondschopf mit einem schönen Pass über die gegnerische Abwehr hinweg schickt. Dieser fackelt nicht lange und schiebt den Ball direkt mit dem ersten Kontakt am gegnerischen Torhüter vorbei ins Netz – 1:0.

Eiskalt: In seinem ersten Champions-League-Spiel erzielt Erling Haaland drei Tore. Hier das 2:0 gegen KRC Genk.

RB SALZBURG – WOLFSBERGER AC 5:2

BUNDESLIGA, 10. AUGUST 2019

In jenem Spiel gelingt ihm ein Hattrick. Besonders schön ist sein drittes Tor zum 4:2 in der 89. Minute, als er sich den Ball zunächst in der eigenen Hälfte erkämpft und in den Lauf des vorgepreschten Hee-Chan Hwang spielt. Der Südkoreaner verzögert am Sechzehner kurz und legt den Ball dann wieder seitlich auf den angestürmten Haaland, der sofort mit seiner starken linken Klebe vollstreckt – sogar noch durch die Beine des Wolfsberger Keepers.

SKN ST. PÖLTEN – RB SALZBURG 0:6

BUNDESLIGA, 17. AUGUST 2019

Haaland verwertet eine Freistoßflanke von Zlatko Junuzovic per Kopf zum zwischenzeitlichen 3:0 für die Salzburger. Was unspektakulär klingt, ist eines der technisch anspruchsvollsten Tore in seiner bisherigen Karriere. Haaland nämlich wuchtet den Ball infolge einer genialen Drehung mit dem Hinterkopf in die Maschen.

RB SALZBURG – KRC GENK 6:2

CHAMPIONS LEAGUE, 17. SEPTEMBER 2019

Sicherlich nicht sein schönster, aber einer seiner ganz besonderen Treffer. Gerade einmal zwei Minuten läuft Haalands allererstes Champions-League-Spiel, als Salzburgs Spielmacher Takumi Minamino den Stürmer hervorragend an der Strafraumkante bedient. Haaland knallt die Kugel kompromisslos mit dem schwächeren Rechten zur umjubelten Führung ins Tor. Ein märchenhafter Beginn eines märchenhaften Abends – mit insgesamt drei Haaland-Buden.

FC LIVERPOOL – RB SALZBURG 4:3

CHAMPIONS LEAGUE, 2. OKTOBER 2019

Trotz der Niederlage ein besonderer Abend für Haaland. Wer kann schon von sich behaupten, mit 19 an der ausverkauften Anfield Road aufzulaufen und dann auch noch dem FC Liverpool ein Tor einzuschenken? Der Norweger muss den Ball nach erneuter Minamino-Vorlage zwar nur noch über die Linie drücken. Das Gefühl, mit ausgestreckten Armen vor der Gästekurve zu jubeln, bezeichnet Haaland hinterher aber als „absolut unglaublich“.

Unglaublich: Der Teenager trifft in der Königsklasse sogar gegen Liverpool an der Anfield Road.

DER WECHSEL ZUM BVB

Aufgrund seiner starken Leistungen verließ Haaland Salzburg nach nur einem Jahr, um sich Borussia Dortmund anzuschließen. Der BVB stach neben zahlreichen Spitzenvereinen auch einen Konkurrenten aus der Bundesliga aus.

Salzburgs Verantwortliche waren sich zwar bewusst, dass Haaland nicht mehr lange zu halten sein würde, während der Wintertransferperiode 2020 wollten sie ihren besten Torschützen allerdings nicht verlieren. Dennoch waren ihnen die Hände gebunden, weil der heiß umworbene Stürmer aufgrund einer Ausstiegsklausel in seinem Vertrag den Verein vorzeitig für 20 Millionen Euro verlassen konnte. Und weil Dutzende Interessenten bereit waren, diese für Spitzenfußball-Verhältnisse geringe Summe zu zahlen, entschloss sich Haaland Anfang Januar für einen sofortigen Wechsel.

Rückblickend versicherte er, er sei „sehr zufrieden" in Salzburg gewesen, nachdem Marsch ihn endlich von der Leine gelassen hatte. Doch: „Es geht immer noch ein Level höher im Fußball. Mein Ziel ist es, einer der besten Spieler der Welt zu werden." Und dafür muss man sich nun einmal in einer der besten Ligen in Europa beweisen, in einer der „Big Five", also in der englischen Premier League, der spanischen Primera Division, der italienische Serie A, der französischen Ligue 1 oder der deutschen Bundesliga.

Der inzwischen 19-Jährige entschied sich für Borussia Dortmund. Wie Salzburg hatte der BVB ihn bereits in Norwegen auf dem Zettel gehabt, intensiv scouten ließen die Schwarz-Gelben ihn aber erst in Österreich. 28-mal, so berichteten mehrere Medien, sahen sie den Angreifer live, bis sie den Entschluss fassten, sich um ihn zu bemühen. Haaland lagen finanziell attraktivere Angebote von namhafteren Vereinen vor, am BVB faszinierte ihn neben der Aussicht auf genügend Spielpraxis aber die Gelegenheit, regelmäßig in einem der stimmungsvollsten Stadien Europas aufzulaufen.

„Das war ein Argument, weil jeder in Europa von unserem Stadion und der Atmosphäre spricht", verriet Dortmunds Geschäftsführer Hans-Joachim Watzke nach der Bekanntgabe der Haaland-Verpflichtung. Für den zu jener Zeit sportlich wieder einmal im Schatten von Rivale Bayern München stehenden Champions-League-Sieger von 1997 war der Transfer ein riesiger Coup. Zum einen, weil er unter den elf Mitbewerbern auch Salzburgs Schwesterverein RB Leipzig ausstach. Zum anderen, weil er mit Haaland jetzt den „Player to Watch" des europäischen Fußballs in seinen Reihen hatte.

Für immer Borussia Dortmund? Haalands Vertrag läuft erst mal bis 2024.

„Wir haben immer Klubs ausgesucht, bei denen junge Spieler ihre Chance bekommen. Spielzeit ist das Wichtigste."

Alfie Haaland

HAALANDS MÄCHTIGER BERATER

Gemeinsam mit Haalands Vater Alfie fädelte Mino Raiola den Wechsel nach Dortmund ein. Der Italiener ist einer der mächtigsten Agenten im Fußballkosmos.

Schon in den Siebzigern begannen so einige Wichtigtuer um Fußballer herumzuturnen, die später die Bezeichnung „Spielerberater" erhielten. Zu dieser Zeit war Mino Raiola noch ein kleiner Junge, der mit seinen Eltern aus der italienischen Provinz Salerno ins niederländische Haarlem ausgewandert war. In dem Ort westlich der Hauptstadt Amsterdam betrieb sein Vater eine Pizzeria namens „Palladium", in der er nach der Schule häufig jobbte.

Weil er Niederländisch besser beherrschte als sein Vater, leitete er schon bald die Geschicke des Restaurants. Nach seinem Schulabschluss studierte er Jura, stieg aber schnell ins Sportmarketing ein. „Verhandeln und organisieren, das war mein Ding. Alles, was ich kann, habe ich im Restaurant gelernt. Mein Studium war verschenkte Zeit", sollte Raiola später sagen.

Entscheidend für seinen Durchbruch war seine Ernennung zum Sportdirektor des Vereins HFC Haarlem Anfang der Neunziger, der es ihm ermöglichte,

Ein gefragter Mann: Kaum ein Agent ist so gut vernetzt wie Raiola, hier mit Zlatan Ibrahimovic (links), dem bekanntesten Klienten Raiolas.

Neben Raiola ist auch Vater Alfie (rechts) ein wichtiger Ratgeber für Erling Haaland.

Kontakt zu vielen wichtigen Drahtziehern des niederländischen Fußballs aufzubauen.

Zu seinem wichtigsten Instrument wurde jedoch nicht sein Kontaktbuch, sondern seine Sprachgewandtheit. Raiola beherrschte mit Italienisch, Englisch, Deutsch, Französisch, Spanisch, Portugiesisch und Niederländisch bereits früh sieben Sprachen. So wirkte er zunächst bei Spielertransfers des niederländischen Rekordmeisters Ajax mit, ehe er sich als Spielerberater selbstständig machte. Über die Jahre wurde er mit unzähligen Millionengeschäften auf dem Transfermarkt zu einem der bekanntesten Gesichter der Beraterbranche.

„Ich habe diese Branche geprägt", sagt Raiola heute, „weil ich nie den Mund gehalten und immer einen Standpunkt für meine Spieler eingenommen habe." Spieler wie Pavel Nedved, Paul Pogba oder Mario Balotelli. Allen voran aber Zlatan Ibrahimovic. Der Superstar aus Schweden ist schon seit Beginn seiner beeindruckenden Karriere ein enger Freund und zugleich ein wichtiges Zugpferd des Italieners.

„Ibra" war für viele seiner nachfolgenden Klienten ein Idol. Auch für Erling Haaland, der sich bewusst für Raiola entschied, als klar war, dass Papa Alfie sich nicht mehr allein um seine Zukunftspläne kümmern konnte. Raiola dankte es ihm mit dem BVB-Transfer. „Fast ein Jahr lang" habe er sich dafür Zeit genommen. „Ich habe mit einer Reihe von Vereinen gesprochen, mir Pläne angehört, Zahlen angesehen und ausgehandelt. Auf diese Weise konnte Erling mit seiner Familie eine wohlüberlegte Entscheidung treffen."

SEIN TRAUMSTART IN DORTMUND

Haaland schlug nicht nur sofort an seiner neuen Wirkungsstätte ein, er schaffte sogar Historisches.

Die damals noch von Lucien Favre trainierte Dortmunder Mannschaft war zwar mit einigen talentierten Außenbahnspielern wie Jadon Sancho oder Thorgan Hazard sowie den spielstarken Marco Reus und Julian Brandt bestückt, an vorderster Front fehlte es ihr aber an Größe, Durchschlagskraft und Treffsicherheit.

Haaland sollte diese Probleme beheben. Er kam nach Ansicht der Verantwortlichen aber nicht nur, um in die Fußstapfen des gerade nach Spanien gewechselten Paco Alcácer zu treten, sondern das Angriffsspiel der Schwarz-Gelben zu revolutionieren. „Wir wollten einen großen, körperlich starken klassischen Neuner“, erklärte Sportdirektor Michael Zorc. Einen solchen Spielertypen hatte der BVB seit Robert Lewandowski und Pierre-Emerick Aubameyang nicht mehr. Insofern waren die Erwartungen an Haaland groß, doch er konnte damit umgehen.

Sein erstes Spiel für den BVB bestritt der Neuzugang am 18. Januar 2020, auswärts beim FC Augsburg. In der 56. Minute beim Stande von 1:3 aus Sicht der Fav-

Eiskalt vor dem Tor: Haaland erzielt einen seiner drei Debüt-Treffer für den BVB.

Nach seiner gelungenen Premiere lässt sich Haaland von den mitgereisten Dortmunder Fans feiern.

re-Elf eingewechselt, verkürzte er nur 183 Sekunden später zum 2:3. Richtig zum Jubeln zumute war Haaland aber erst im Laufe der nächsten 20 Minuten, als er nach Sanchos Ausgleich zum 3:3 noch zwei weitere Tore beisteuerte und somit seinen ersten Dreierpack auf deutschem Boden schnürte. Das war vor ihm keinem einzigen eingewechselten Bundesliga-Debütanten gelungen. „Dafür habt ihr mich doch gekauft, oder?", fragte der Goalgetter seinen Vorgesetzten Zorc hinterher mit einem verschmitzten Grinsen.

Der neue Dortmunder Held, er war geboren. Dabei ging der 5:3-Sieg in Augsburg rückblickend nur als kleiner Vorgeschmack auf das durch, was noch so kommen sollte. Haaland eroberte die Bundesliga mit jeweils zwei weiteren Treffern gegen den 1. FC Köln und Union Berlin im Sturm. „Jeder sieht, weshalb sich halb Fußball-Europa um Erling bemüht hat. Es macht richtig Spaß, ihm bei der Arbeit zuzusehen", schwärmte Zorc nach nur wenigen Wochen von dem neuen Knipser.

CHAMPIONS LEAGUE

Die Champions League ist der bedeutendste Vereinswettbewerb im Fußball – und Haalands große Leidenschaft.

„Die Meister, die Besten, les grandes équipes, the champions.“ Selbst wenn die Hymne der Königsklasse nur in seinem Wohnzimmer ertönt, schlägt Haalands Herz höher. Sie war schon in seiner Kindheit sein Antrieb, stets an sich zu glauben und auch in schwierigen Phasen immer hundert Prozent zu geben, um sie eines Tages selbst auf dem Platz zu hören. Mit 19 wurde er Teil dieses besonderen Wettbewerbs.

„Ich habe Gänsehaut am ganzen Körper, für mich ist ein Traum in Erfüllung gegangen“, sagte der damalige Salzburger nach seinem märchenhaften Debüt am 17. September 2019 mit drei Toren gegen Genk, richtete seinen Blick aber direkt nach vorne: „Ich will noch mehr von diesen Momenten erleben!“ Das sollte er – und zwar nicht nur in den fünf weiteren Spielen mit den Österreichern, sondern auch prompt im Trikot des BVB.

Unvergessen: Das Achtelfinal-Hinspiel gegen Paris Saint-Germain am 18. Februar 2020, als Haaland mit zwei Toren das ausverkaufte Dortmunder Stadion zum Beben brachte. Nach einem seiner Treffer setzte er sich im Schneidersitz auf den Rasen, schloss seine Augen und saugte die elektrisierende Atmosphäre um sich herum auf. Sein Yoga-Jubel ging um die Welt. Und auch wenn der 2:1-Sieg am Ende nicht zum Einzug ins Viertelfinale reichte, weil Haaland und seine Kollegen im Rückspiel in Paris 0:2 verloren, war jene K.-o.-Runde der Startschuss eines besonderen Champions-League-Jahres 2020 für den Norweger.

Seinem Doppelpack gegen PSG ließ er bis zum Ende des Kalenderjahres sechs weitere Buden folgen. Damit befanden sich – zuzüglich seiner Treffer in Salzburg – 16 Tore nach nur zwölf Spielen in der Königsklasse auf seinem Konto. Diese Marke hatte kein

Die Champions League ist Erling Haalands Lieblingswettbewerb.

Spieler vor ihm im Alter von 20 Jahren erreicht. Nicht Kylian Mbappé, nicht Neymar, nicht Robert Lewandowski. Auch nicht Lionel Messi oder Cristiano Ronaldo. Messi brauchte allein für zehn Tore schon 25 Einsätze, Ronaldo sogar 47.

„Erling ist süchtig nach Toren. Wenn er zweimal trifft, will er auch noch sein drittes Tor erzielen", sagt Haalands Vater Alfie. Man darf also davon ausgehen, dass noch der ein oder andere magische Champions-League-Abend hinzukommen wird.

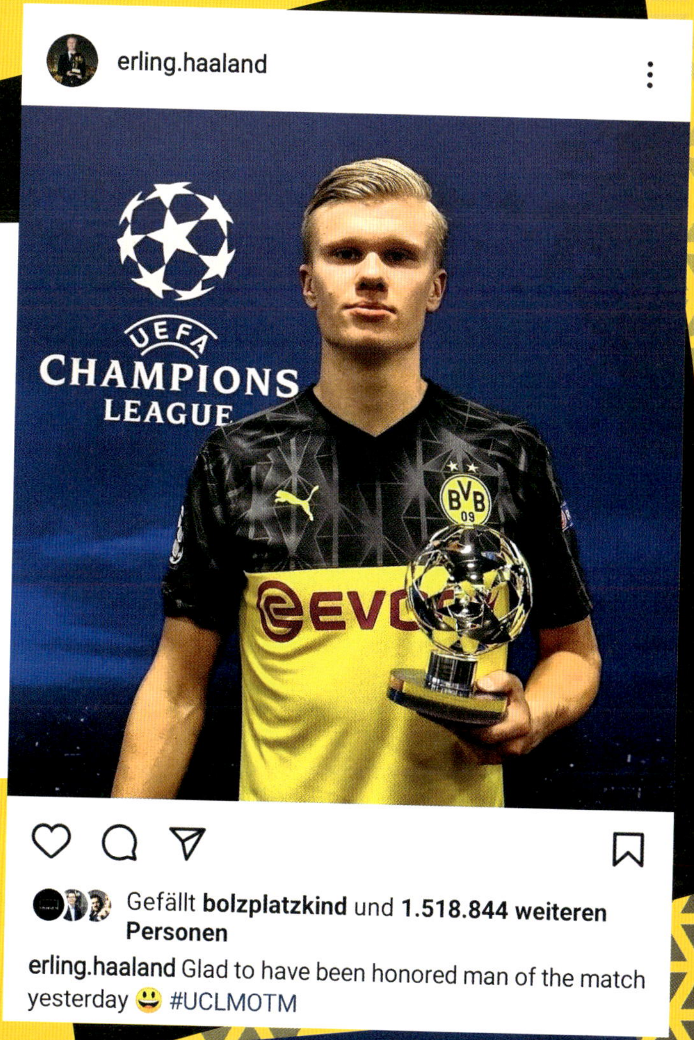

Haaland beendete sein erstes Champions-League-Spiel mit dem BVB als „Man of the Match".

HÖHEN UND TIEFEN

Wäre Fußball kein Mannschaftssport, hätte Haaland sein erstes BVB-Jahr einrahmen können. So viele persönliche Höhepunkte er erlebte, so enttäuschend präsentierte sich Dortmund aber meist im Kollektiv. Eine Übersicht.

18. JANUAR 2020

Haaland steuert bei seinem Debüt für den BVB drei Tore zum 5:3-Sieg in Augsburg bei.

18. FEBRUAR 2020

Haaland erzielt in seinem ersten Champions-League-Spiel als Dortmunder zwei Tore gegen Paris Saint-Germain. Der 2:1-Sieg bringt die Schwarz-Gelben ein Stückchen näher ans Viertelfinale.

11. MÄRZ 2020

Der BVB verliert mit Haaland das Rückspiel des Achtelfinals in Paris 0:2 und scheidet somit aus.

16. MAI 2020

In seinem ersten Revierderby gegen Schalke 04 wird Haaland mit einem Tor und einer Vorlage zu einem der Matchwinner. Der BVB siegt 4:0 und macht sich wieder Hoffnungen auf die Meisterschaft.

26. MAI 2020

Haaland und seine Kollegen verlieren das Spitzenspiel gegen Tabellenführer Bayern München mit 0:1 – ein Dämpfer im Titelrennen.

17. JUNI 2020

Der FC Bayern krönt sich vorzeitig zum achten Mal in Folge zum Deutschen Meister. Für Haaland und den BVB endet die Saison damit titellos.

19. SEPTEMBER 2020

Zum Start in die neue Saison trifft Haaland doppelt beim 3:0-Sieg gegen Borussia Mönchengladbach.

21. NOVEMBER 2020

Beim 5:2-Auswärtssieg gegen Hertha BSC gelingt Haaland zum ersten Mal ein Viererpack im BVB-Trikot.

24. NOVEMBER 2020

Haaland netzt in der Champions League zweimal gegen Brügge und schließt die Gruppenphase der Saison 2020/21 mit insgesamt sechs Treffern als bester Torschütze ab – gleichauf mit Neymar (Paris Saint-Germain), Marcus Rashford (Manchester United) und Alvaro Morata (Juventus).

2. DEZEMBER 2020

Haaland zieht sich einen Muskelfaserriss zu und fehlt dem ohnehin schon schwächelnden BVB in den restlichen Spielen des Jahres.

13. DEZEMBER 2020

BVB-Trainer Lucien Favre wird einen Tag nach der 0:5-Heimpleite gegen Stuttgart entlassen. Haaland arbeitet zu dieser Zeit in Katar an seinem Comeback.

NATIONAL-MANNSCHAFT

Schon mit 19 erfüllte sich Haaland seinen Traum, für die norwegische A-Nationalmannschaft zu spielen. Seine ersten Erfahrungen waren jedoch alles andere als von Erfolg gekrönt.

In Großbritannien geboren, besitzt Haaland neben seiner norwegischen Staatsbürgerschaft auch die englische. Theoretisch wäre er in seiner Jugend also auch für die „Three Lions", Englands prestigeträchtige Nationalmannschaft, spielberechtigt gewesen. Aus Liebe zu seiner Heimat stand für ihn aber früh fest, einzig und allein das rot-blaue Trikot tragen zu wollen.

Seine Entscheidung zahlte sich mit Blick auf seinen Neunerpack bei der U20-WM 2019 gegen Honduras aus, weil Nationaltrainer Lars Lagerbäck ihn nur wenig später zur norwegischen A-Auswahl einlud. Seine Länderspiel-Premiere feierte er am 5. September 2019 im Alter von 19 Jahren, einem Monat und 15 Tagen. „Das", sagte Haaland danach, „ist noch so ein Traum, dem ich schon als kleiner Junge hinterhergejagt bin."

Allerdings sollten ihm seine ersten sportlichen Erfahrungen nicht sonderlich gut in Erinnerung blei-

Haaland feierte sein A-Länderspiel-Debüt am 5. September 2019.

Immer engagiert bei der Sache: Haaland im Training der norwegischen Nationalmannschaft.

ben. In seinen ersten zwei Länderspielen gelang ihm kein Tor, ehe er vier Partien verletzungsbedingt verpasste. Ohne ihn kam Lagerbäcks Mannschaft in der Qualifikation für die EM 2021 beispielsweise nur zu einem 1:1 gegen Rumänien, woraufhin die Mannschaft in die Playoffs musste. Diese vergeigten Haaland und seine Kollegen dann überraschend gegen Serbien. 1:2 endete die Partie, die Norwegens EM-Hoffnungen begruben. Ein Treffer von Mathias Normann reichte nicht, weil Sergej Milinkovic-Savic zweimal für die Serben traf. Eine schallende Ohrfeige für den erfolgshungrigen Haaland, der bis auf eine Torchance in Hälfte eins völlig abgemeldet war.

„Ich fühlte mich überhaupt nicht ins Spiel eingebunden", klagte er nach der Partie und brachte seinen Unmut deutlich zum Ausdruck: „Ich bin richtig sauer. Das war schlicht und ergreifend nicht gut genug. Wir hatten eine gute Möglichkeit, zur EM zu kommen." Das nächste große Turnier lässt aber nicht lange auf sich warten. 2022, wenn die Winter-WM in Katar steigt, möchte Haaland unbedingt auch im Trikot seiner Nation zeigen, wozu er im Stande ist.

GOLDEN BOY

Was hat Erling Haaland mit Rafael van der Vaart, Mario Balotelli und Lionel Messi gemeinsam? Er darf sich als Spieler bezeichnen, der zum „Golden Boy" gewählt wurde – dem besten Spieler Europas unter 21.

Es gab und gibt nur wenige Fußballer, die mit 20 schon so wichtig für ihre Mannschaften sind wie Haaland für Dortmund und Norwegen.

Wenn er fehlt, fehlt nicht nur das Gespür fürs Toreschießen, es fehlt auch die Gier danach. Und weil er seinen steilen Aufstieg auch nach seinem Wechsel gen Deutschland unbeirrt fortsetzte, wurde ihm Ende des Jahres 2020 eine besondere Ehre zuteil: Eine aus 40 Sportjournalist*innen bestehende Jury wählte ihn zum „Golden Boy".

„Er ist ein Biest, schießt so viele Tore. Diese Auszeichnung hat er sich redlich verdient", gratulierte mit Karl-Heinz Rummenigge sogar der langjährige Vorstandschef des Dortmunder Rivalen Bayern München dem Goalgetter. Haaland selbst sagte: „Ich bin wahnsinnig stolz, als erster Norweger überhaupt diese prestigeträchtige Trophäe zu erhalten."

Die italienische Zeitung *Tuttosport* rief den „Golden Boy"-Award 2003 ins Leben. Alle Jurymitglieder dürfen fünf der 20 nominierten Spieler herauspicken: Der in ihren Augen vielversprechendste U21-Spieler eines Kalenderjahres erhält zehn Stimmen, der zweite sieben, der dritte fünf, der vierte drei und der fünfte eine.

Haaland, im Vorjahr noch Vierter, setzte sich mit 302 Stimmen gegen Ansu Fati vom FC Barcelona (239 Stimmen) und Alphonso Davies (FC Bayern, 226 Stimmen) durch. Sein Dortmunder Teamkollege Jadon Sancho (80 Stimmen) landete auf Platz vier. In den 17 Jahren zuvor war mit Mario Götze nur ein einziger Spieler des BVB zum „Golden Boy" gekürt worden.

ALLE GEWINNER VOR HAALANDS TRIUMPH 2020 IM ÜBERBLICK:

2003: Rafael van der Vaart
2004: Wayne Rooney
2005: Lionel Messi
2006: Cesc Fabregas
2007: Sergio Agüero
2008: Anderson
2009: Alexandre Pato
2010: Mario Balotelli
2011: Mario Götze
2012: Isco
2013: Paul Pogba
2014: Raheem Sterling
2015: Anthony Martial
2016: Renato Sanches
2017: Kylian Mbappé
2018: Matthijs de Ligt
2019: João Félix

Vor Haaland durfte sich nur ein BVB-Spieler als „Golden Boy" bezeichnen: Mario Götze.

erling.haaland

Gefällt **ostwestf4le** und **1.525.017 weiteren Personen**

erling.haaland I am very proud and happy to receive the #GoldenBoy2020 award, I would like to thank the fans, my teammates, my family and friends for all their support and affection.

Alle 9.087 Kommentare ansehen

Wurde 2020 wegen der Corona-Pandemie in Abwesenheit mit dem Golden Boy ausgezeichnet: Erling Haaland.

Stolz wie Bolle: Erling Haaland mit dem Golden-Boy-Award.

DAS MACHT HAALAND ZUR TORMASCHINE

Auch wenn sich Haaland noch lange nicht am Ende seiner Entwicklung befindet, vereint er zahlreiche Fähigkeiten, die ihn zu einer Tormaschine machen.

Erling Haalands strammer Schuss ist europaweit gefürchtet.

SAGENHAFTE SCHUSSTECHNIK

Der Norweger fackelt nicht lange, wenn sich ihm die Möglichkeit für einen Abschluss bietet. Insbesondere mit seinem starken linken Fuß nutzt er jede noch so kleine Lücke in der gegnerischen Abwehr und bringt den Ball, selbst aus der zweiten Reihe, so wuchtig und platziert aufs Tor, dass jeder Torhüter Probleme bekommt.

IM RAUSCH DER GESCHWINDIGKEIT

Haaland bringt trotz seiner Größe von 1,94 Metern eine enorme Schnelligkeit mit. Nimmt er einmal Fahrt auf, ist er kaum noch aufzuhalten. Seine Höchstgeschwindigkeit lag im Jahr 2020 bei 36,04 km/h. Schneller waren europaweit nur der Spanier Adama Traoré (36,21 km/h), der Marokkaner Achraf Hakimi (36,48 km/h) und der Kanadier Alphonso Davies (36,51 km/h).

In Luftduellen behält Haaland meist die Oberhand.

ÜBERRAGENDES KOPFBALLSPIEL

Er könnte den Ball manchmal zwar noch besser platzieren, Haaland ist jedoch auch in der Luft eine Waffe für jedes Team. Kommt er frei vor dem gegnerischen Torhüter zum Kopfball, dann zappelt der Ball wenig später auch meistens im Netz. Dabei kommen ihm seine Größe und sein damit einhergehendes Durchsetzungsvermögen zugute.

KILLER-MENTALITÄT

Es gibt viele Stürmer mit ähnlichen Voraussetzungen wie Haaland. Was ihn von den meisten unterscheidet: Er bleibt vor dem gegnerischen Tor cool, ganz egal wie viel Druck auf ihm lastet. Auch Negativerlebnisse wie ein verschossener Elfmeter werfen ihn nicht so leicht aus der Bahn. An ihm zeigt sich, wie wichtig mentale Stärke im Spitzensport ist.

Hohes Durchsetzungsvermögen: Stellt Haaland seinen Körper zwischen Ball und Gegner, ist er kaum zu verteidigen.

MUSKELN AUS STAHL

Stichwort Durchsetzungsvermögen: Mit mehr als 85 Kilogramm ist Haaland körperlich bestens gewappnet, um es mit jedem noch so robusten Abwehrspieler aufzunehmen. Er weiß den Ball abzuschirmen und zu verteilen, Trikotzupfer und Rempler lassen ihn kalt – das Resultat jahrelanger Arbeit im Kraftraum.

„Ich bin ein direkter Spieler. Wenn ich die Wahl habe, gehe ich geradewegs Richtung Tor und mache ihn rein. Das kann ich am besten."

HAALAND IN ZAHLEN

Hier sind einige der wichtigsten Zahlen in Haalands bisheriger Karriere.

2000 Das Jahr, in dem Haaland geboren wurde.

18 Die Zahl der Pflichtspieltore, die sein Vater Alfie in seiner gesamten Karriere erzielte.

15 Das Alter in Jahren, in dem Haaland sein erstes Spiel als Profi absolvierte.

30 Die Rückennummer, die er in Molde und Salzburg trug.

17 Die Zahl der Zentimeter, die er innerhalb seiner zwei Jahre in Molde wuchs.

9 Die Zahl der Tore, die er bei der U20-WM 2019 in einem einzigen Spiel erzielte.

100.000.000

Sein im Dezember 2019 geschätzter Marktwert in Euro beim Daten-Portal transfermarkt.de.

101

Die Zahl der Sekunden, die er für sein erstes Champions-League-Tor benötigte.

8

Die Zahl seiner Elfmetertore auf Vereinsebene vor seinem Wechsel nach Dortmund.

20.000.000

Die Summe in Euro, die der BVB im Januar 2020 für ihn bezahlte.

23

Die Anzahl der Minuten, die er für seinen ersten Dreierpack in der Bundesliga brauchte.

5

Die Zahl seiner Tore nach nur zwei Bundesliga-Spielen – neuer Rekord.

33

Die Zahl der Tore, die er in seinem ersten Kalenderjahr (2020) als BVB-Spieler schoss (in 32 Spielen).

14.800

Die Zahl der Follower, die er 2020 im Schnitt pro Tag auf seinem Instagram-Kanal hinzugewann.

19

Die Zahl des Alters in Jahren, in dem Haaland sein Debüt für die norwegische A-Nationalmannschaft feierte.

HAALAND UND SEINE TRAINER

Seine rasante Entwicklung vom Talent zum Topstar hat Haaland auch einigen Trainern zu verdanken, die ihm viel beigebracht haben.

ALF INGVE BERNTSEN

Der Norweger war fast zehn Jahre lang Haalands Jugendtrainer in Bryne, bis der Stürmer mit 16 nach Molde wechselte. Der Kontakt zwischen den beiden riss seither aber nie ab. Im Gegenteil: Bis heute ist Berntsen ein Ratgeber für Haaland, regelmäßig tauschen sich beide telefonisch aus.

„Ich wusste schon früh, dass er international spielen würde. Er hat wirklich hart trainiert und viele Tore geschossen. Er hat heute den gleichen Spielstil wie mit zwölf Jahren."

OLE GUNNAR SOLSKJÆR

Der einstige Torjäger von Manchester United war einer der Gründe dafür, warum sich Haaland für einen Transfer nach Molde entschied. Unter Solskjær, damals Trainer beim norwegischen Erstligisten, sammelte der Nachwuchsangreifer seine ersten Erfahrungen in der höchsten Spielklasse des Landes und machte so den berühmten nächsten Schritt in seiner Entwicklung. Solskjær gab Haaland nach vielen Trainingseinheiten sogar noch Extra-Nachhilfeunterricht im Torabschluss.

erling.haaland
Molde

Gefällt 26.269 Mal
erling.haaland 💙
Alle 326 Kommentare ansehen

Haaland mit seinem Mentor in Molde, Ole Gunnar Solskjær.

„Es war sehr schön, mit ihm zu arbeiten und sein Potenzial zu sehen. Ich bin stolz, einen kleinen Beitrag zu seinem Aufstieg geleistet zu haben."

JESSE MARSCH

Der im Juli 2019 als Coach bei RB Salzburg angetretene US-Amerikaner schenkte Haaland auf Anhieb sein Vertrauen. Dieser zahlte es ihm mit Toren zurück. Besonders in der Champions-League-Gruppenphase 2019/20, als Haaland in sechs Spielen achtmal für die Österreicher traf. Unter Marsch gelang dem damals 19-Jährigen der große Durchbruch auf Europas prominentester Fußball-Bühne.

„Er hat das Potenzial, einer der Weltbesten zu werden. Seine Mentalität ist besonders. Er war oft der Erste beim Training und der Letzte, der wieder gegangen ist. Es gab Tage, an denen ich ihm sagen musste, dass er nach Hause fahren und sich ausruhen soll."

Unter Marsch gelang Haaland der Durchbruch in Salzburg.

Mit Favre arbeitete Haaland ein knappes Jahr beim BVB zusammen.

LUCIEN FAVRE

Der Schweizer machte sich bei den Verantwortlichen des BVB für eine Verpflichtung von Haaland stark. Als diese im Januar 2020 klappte, übertrug Favre dem Neuzugang auf Anhieb die Rolle des Stammstürmers mit sämtlichen Freiheiten. Haaland explodierte – was an ihm selbst und an seinen Kollegen auf dem Platz lag, aber auch am Trainerfuchs, dessen offensiv ausgerichtetes System ideal auf den Goalgetter zugeschnitten war.

„Er ist ein Verrückter – im positiven Sinn natürlich. Erling will Tore schießen, immer und überall. Aber: Er wird und muss weiterhin Fortschritte machen."

TRAINING MIT HAALAND

Dass Talent allein nicht reicht, um seine Träume zu erfüllen, hat Haaland schon als Jugendlicher verstanden. Bis heute schuftet der Erfolgsbesessene auch in seiner Freizeit intensiv an sich und seinem Körper.

Das Klischee vom hoch veranlagten Straßenkicker, der einzig und allein wegen seines fußballerischen Talents den Sprung zum Profi schaffte, trifft auf Haaland nicht zu. „Arbeit, Arbeit, Arbeit", lautete schon in jungen Jahren sein Motto, das er sich von Idolen wie Cristiano Ronaldo abschaute, aber auch von seinem Vater Alfie, der zu seiner aktiven Zeit ebenfalls sehr fleißig trainierte.

Haaland bleibt seinem professionellen Lebensstil bis heute treu. Motivationsprobleme? Fehlanzeige! In Dortmund fährt er selbst an freien Tagen zum Trainingsgelände nach Brackel und absolviert dort entweder Übungen auf dem Platz oder im Kraftraum. „Ich bin immer einer der ersten dort, aber er ist noch früher da", meint BVB-Keeper Roman Bürki.

Haaland weiß, dass er für sein Alter sehr weit ist, sich aber in vielen Bereichen noch verbessern kann und muss. So arbeitet er auf dem Rasen einerseits an seinem Passspiel, um ein stärkerer Kombinationsspieler zu werden, andererseits aber auch an seinem Kopfballspiel, weil er seiner Meinung nach noch zu selten per Kopf trifft. „Er ist sehr streng zu sich selbst", sagt sein früherer Jugendtrainer Alf Ingve Berntsen.

Das trifft auch auf seine Ernährung zu. Ab und zu gönnt sich Haaland zwar seine Lieblingsmahlzeit Döner-Pizza, meist verzichtet er beim Essen jedoch auf unnötige Fette und Kohlenhydrate. Nebenbei liest er viele Bücher und Artikel, um sein Wissen zum Thema Ernährung stetig zu erweitern. „Was das angeht", so sein früherer Salzburger Mitspieler Maximilian Wöber, „ist er ziemlich verrückt."

In Sachen Regeneration lässt Haaland ebenfalls nichts unversucht. Auf Anraten eines Freundes aus Norwegen trägt er beispielsweise abends immer eine Spezialbrille, die das Blaulicht vom Fernseher und Handy filtert. „Das wirkt sich positiv auf das Schlafhormon Melatonin aus – ich habe somit einen besseren Schlaf, mein Körper regeneriert so besser", sagt Haaland über seinen ungewöhnlichen Tick. Kein Wunder also, dass er auf dem Platz so ein Energiebündel ist.

> ***„Das Erste, was mir zu Erling Haaland einfällt: Er ist ein Vollprofi! Er trainiert mit unglaublich viel Energie."***
> *Jesse Marsch*

Erling Haaland liebt es, täglich an seiner Fitness zu arbeiten.

An seinem Kopfballspiel muss Haaland noch arbeiten.

Haaland legt immer viele Extraschichten im Kraftraum ein.

ZU HAUSE BEI HAALAND

Auffällig auf dem Rasen, unauffällig daneben: Haaland geht selten aus und kann mit Luxus wenig anfangen.

Nicht wenige bekannte Fußballstars stellen gerade in jungen Jahren ihren Reichtum gerne zur Schau, indem sie sich teure Sportwagen zulegen, in Designer-Kleidung posieren und VIP-Tische in Diskotheken mieten. Haalands Sache ist das alles nicht. Im Gegenteil: Er wohnt in Dortmund in einer für Profisportler-Verhältnisse bescheidenen Mietwohnung nahe des Phoenix-Sees und gilt als „Partymuffel“, der – wenn überhaupt – nur während seines Urlaubs in seiner norwegischen Heimat mit ein paar Jugendfreunden ausgeht.

Seine Freizeit verbringt er lieber mit Meditation, um dem stressigen Alltag als Star für ein paar Minuten zu entfliehen. Hin und wieder lädt er auch ein paar Kumpels oder Mitspieler zu sich nach Hause ein, um eine Runde FIFA an der PlayStation zu zocken. Das hält er – wie viele andere Aktivitäten in seinem Privatleben – aber von der Öffentlichkeit fern. So zeigt er auf seinem Instagram-Profil lieber Fotos im Trikot oder Trainingsanzug. Eine Freundin? „Das ist der Ball“, sagte er während seiner Zeit in Salzburg einmal grinsend. Und in Dortmund angekommen, meinte er: „Ich habe derzeit keine Zeit für die Liebe. Ich brauche meine Energie, um mich weiter zu verbessern.“

Ein Familienmensch: Erling mit seinen Geschwistern Astor (links) und Gabrielle (Mitte).

Von seinen Mitmenschen wird er immer wieder als aufgeschlossener Kerl beschrieben, der viel redet und Späße macht. Vor allem aber hält er sich trotz seines Ruhmes und seines Reichtums nicht für jemand Besseres.

Seine Eltern haben ihn als bodenständigen Familienmenschen erzogen, der tatkräftig mit anpackt, wenn sie seine Hilfe benötigen. So greift er gemeinsam mit Papa Alfie Sommer für Sommer zur Kettensäge, um Feuerholz für die kalten Wintermonate zu beschaffen.

Seine Heimatverbundenheit ist auch auf die enge Beziehung zu seinen Geschwistern zurückzuführen. Sein älterer Bruder Astor und seine jüngere Schwester Gabrielle sind bis heute wichtige Bezugspersonen für ihn, mit denen er über alles sprechen kann. Erling verbringt dennoch gerne Zeit mit sich selbst. Regeneration ist ihm heilig. Luxus hingegen keineswegs.

Nimmt auch gerne mal die Kettensäge in die Hand: Erling Haaland.

MUSIKVIDEO-STAR

Musik als Zeitvertreib: Als Teenager nahm Haaland mit ein paar ehemaligen Mitspielern ein lustiges Rap-Video auf, das nach seinem Wechsel zum BVB zum Internet-Hit wurde.

Haaland gehörte im Juniorenbereich der norwegischen Nationalmannschaft einer ziemlich talentierten, aber auch ziemlich ausgeflippten Clique an, die sich für keine schräge Idee zu schade war. So entschloss er sich als 16-Jähriger zum Beispiel mit zwei befreundeten Mitspielern, Erik Botheim von Trondheim und Erik Tobias Sandberg von Lillestrøm, neben dem Fußballspielen noch ein bisschen Musik zu machen. Rap-Musik.

„Flow Kingz" nannte sich das Trio, das für einen seiner kreierten Songs sogar ein Video auf einem Spielplatz in Norwegen aufnahm. Haaland und seine Kumpels filmten sich dabei, wie sie in lässigen Klamotten über „Sauftouren" auf den Bahamas und Käufen von Smartphones ohne verbindliche Verträge rappten. Das kuriose Endprodukt stellten sie anschließend unter dem Namen „Flow Kingz feat. Lyng – Kygo jo" ins Netz. Zunächst wurde das Video kaum aufgerufen, doch mit Haalands Bekanntheit stiegen auch die Klickzahlen. Insbesondere nach seinem Wechsel zum BVB schoss die Zahl der Aufrufe schlagartig in die Höhe. Bis Dezember 2020 wurde es fast sechs Millionen Mal angeklickt.

„Das war nur Spaß", erklärt der Stürmer die Motivation hinter dem Freizeitprojekt. „Wir hatten einen langen Tag und wollten einfach

etwas Lustiges tun. Ich beschäftige mich nicht mehr mit Musik als die meisten anderen Menschen." Seine Meinung zu seinen Gesangskünsten: „Ich glaube, dass ich in Sachen Fußball deutlich besser bin, aber meine Rap-Fähigkeiten? Die sind nicht so schlecht!"

Heute hört Haaland trotzdem lieber zu. Besonders mag er die Musik des norwegischen Rappers Amara. Der Song, mit dem er sich kurz vor jedem Spiel noch einmal heiß macht, nennt sich „Keep Dreaming". Auf Deutsch heißt das so viel wie: Halte an deinen Träumen fest. Haalands Lebenseinstellung.

Link zum Video:
https://www.youtube.com/watch?v=oYJWkDFzEXA

KURIOSE INTERVIEWS

Arrogant oder schlagfertig? Interviewfragen meist kurz und knapp zu beantworten, ist ein Markenzeichen von Haaland.

Gerade in jungen Jahren haben nicht wenige Fußballer Schwierigkeiten, sich problemlos zu artikulieren und zu präsentieren, wenn sie vor oder nach einem Spiel vor eine Kamera treten. Haaland bildet dabei eine Ausnahme.

Er gibt sich in Interviews genauso wie vor dem gegnerischen Tor: Eiskalt. Auf eine Frage stellt er häufig eine Gegenfrage, manchmal antwortet er auch einfach nur mit einem simplen Wort wie „Ja" oder „Nein" – was durchaus unangenehm für die Fragestellerin oder den Fragesteller sein kann.

Eines seiner kürzesten Interviews führte er nach seinem ersten Revierderby mit dem BVB gegen Schalke 04, das die Schwarz-Gelben mit 4:0 vor leeren Rängen während der Corona-Pandemie für sich entschieden.

„Nach dem Sieg habt ihr vor der berühmten gelben Wand gefeiert, die heute natürlich leer war. Warum habt ihr das gemacht?", fragte der Reporter. Haaland fragte, ohne eine Miene zu verziehen, zurück: „Warum nicht?"

Ob es eine Botschaft gewesen sei, die man habe senden wollen? „Ja", erklärte Haaland, der sich nun ein leichtes Grinsen nicht mehr verkneifen konnte. „Würden Sie uns die Botschaft mitteilen?", hakte der Reporter nach. „An meine Fans", meinte Haaland.

Unangenehmer Interviewpartner: Haaland nimmt seine Fragesteller gerne auf den Arm.

Eine letzte Nachfrage: „Die Fans sind alles für dich, für euch?“ Haaland trocken: „Sind sie.“ Da blieb dem Reporter nur noch ein „Vielen Dank“ – und der Stürmer war verschwunden.

Seine kurzen und prägnanten Antworten werden ihm von vielen Seiten als arrogant ausgelegt, tatsächlich ist Haaland aber schlichtweg kein Mann der vielen Worte. Er begründet das mit seiner Herkunft. „Ganz einfach: Wenn jemand aus unserer Gegend gefragt wird, wie es ihm gehe, dann sagt er ‚sehr gut‘, wenn es ihm gut geht – und Ende. Mehr braucht es nicht. Und außerdem: Wenn du eine Ja-oder-Nein-Frage stellst und diese mit Ja oder Nein beantwortet wird, dann erfährst du doch das, was du wissen wolltest.“ Ganz Unrecht hat er damit nicht. Klar ist: Diesem Fußballer mangelt es weder an Authentizität noch an Selbstbewusstsein.

BERÜHMTE KUMPELS

Haaland steht noch mit vielen „Sandkastenfreunden" aus seiner norwegischen Heimat in Verbindung. Es gibt aber auch einige bekannte Fußballer, die zu wahren Freunden für ihn geworden sind.

DOMINIK SZOBOSZLAI

Der Ungar gilt als einer der begabtesten Spielmacher Europas. Bei RB Salzburg bediente er Haaland ein Jahr lang mit herausragenden Pässen. Die beiden Offensivkünstler harmonierten aber nicht nur auf dem Rasen miteinander. „Ich habe ihm geholfen, sich in der Stadt zu integrieren. Wir sind zum Beispiel oft essen gegangen", berichtete Szoboszlai einmal über seine enge Freundschaft zu Haaland und fügte beim Gedanken an dessen damalige Wikinger-Mähne lachend an: „Ich habe Erling außerdem gezeigt, wie man sich die Haare macht."

Mit Szoboszlai (rechts) verbrachte Haaland in Salzburg auch privat viel Zeit.

THOMAS DELANEY

Haaland sprach kaum ein Wort Deutsch, als er beim BVB anheuerte. Dass er sich trotzdem so schnell ins Team integrierte, lag auch am dänischen Mittelfeldspieler Delaney, der ihm als Übersetzer zur Verfügung stand und gerade in den ersten Wochen mit den Einrichtungen auf dem Dortmunder Trainingsgelände wie dem Kraftraum vertraut machte. „Mit Thomas verstehe ich mich am besten, weil wir uns auf Norwegisch unterhalten können. Das macht vieles einfacher", verriet Haaland nach seinem ersten halben Jahr als Borusse.

Delaney (rechts) war Haalands erster Ansprechpartner beim BVB.

GIOVANNI REYNA

„Gio ist der amerikanische Traum“, sagte Haaland einmal über den hochbegabten Mittelfeldspieler, der in New York seine ersten fußballerischen Schritte machte und 2019 nach Dortmund wechselte, wo er heute den Norweger mit Traumpässen bedient. „Die Chemie zwischen uns stimmt – nicht nur auf dem Platz“, so Reyna. Beide verabreden sich hin und wieder privat, um ein bisschen FIFA auf der Konsole zu zocken. Als Reyna noch minderjährig war, nahm Haaland ihn auch immer mit zum Training.

Mit dem fast zwei Jahre jüngeren Reyna (links) versteht sich Haaland blendend.

Haaland mit Nationalmannschaftskollege Ødegaard.

MARTIN ØDEGAARD

Als „Messi Norwegens“ betitelt, wechselte der Spielmacher schon im Alter von 15 Jahren zu Real Madrid. Der Hype um Ødegaard schwand jedoch, als die Königlichen ihn dreimal an andere Vereine verliehen. Erst 2020 kehrte er nach Madrid zurück, wo er inzwischen ein fester Teil der ersten Mannschaft ist. Haaland und er lernten sich bei der norwegischen Nationalelf kennen – und freundeten sich prompt an. „Mein Sohn“, so Papa Haaland, „liebt es, mit Ødegaard zu spielen.“ Auf dem Duo ruhen Norwegens Hoffnungen.

HAALAND UND SEINE FANS

Er liebt die BVB-Fans, die BVB-Fans lieben ihn. Doch nicht nur in Deutschland steigt Haalands Popularität.

Fußball ohne Fans, das ist für Haaland wie Geburtstag ohne Familie. „Geisterspiele“ wie in Zeiten von Corona nehmen ihm viel Spaß an seinem Beruf, denn er liebt es, in vollbesetzten Stadien auf Torejagd zu gehen. Wenn er trifft, läuft er zur Kurve, streckt die Arme aus und saugt die Ekstase um sich herum auf. Insbesondere in Dortmund mit der außergewöhnlichen Atmosphäre. Die Südtribüne, auch bekannt als „Gelbe Wand“, zog ihn sofort in seinen Bann – und war auch ein Grund für seinen Wechsel zum BVB.

„Die Wand und all diese Fans zu sehen, das ist einfach umwerfend“, sagte Haaland nach nur wenigen Wochen als Schwarz-Gelber. „Es ist eines der tollsten Gefühle, das man haben kann.“ Diese Begeisterung beruht auf Gegenseitigkeit. Der Norweger hat sich mit seinen vielen Toren und seiner „Malocher“-Mentalität auf Anhieb in die Herzen der BVB-Fans geballert, weiß abgesehen von seinen sportlichen Leistungen aber auch mit seiner lockeren Art neben dem Rasen bei ihnen zu punkten. Wenn der Welt nicht gerade eine Pandemie in die Quere kommt und Treffen mit Fans wie öffentliche Trainingseinheiten unmöglich macht, ist er einer der Spieler, die sich am Ausgiebigsten Zeit für Fotos und Autogramme nehmen. Kein Wunder, dass sein Trikot mit der Nummer 9 zu den meistverkauften im BVB-Shop zählt.

Auch seine Anhängerschaft in den sozialen Netzwerken wächst stetig, allein im Jahr 2020 gewann er fast fünf Millionen neue Follower auf Instagram hinzu – darunter nicht nur Fußballfans aus Norwegen und Deutschland, sondern auch aus den USA oder dem fernen Osten. Der Name Erling Haaland wird immer bekannter. Deshalb liegt es ihm umso mehr am Herzen, seiner Vorbildfunktion gerecht zu werden und sich auch für gute Zwecke einzusetzen. Nach einem Derby gegen den FC Schalke 04 versteigerte er beispielsweise sein Trikot, um die gemeinnützige Hilfsorganisation „Kinderlachen e.V.“ zu unterstützen.

Erling Haaland ist bei den BVB-Anhängern sofort beliebt.

Als Autogrammjäger hat man gute Chancen bei Haaland.

„Die Fans dürfen immer von mir erwarten, dass ich 100 Prozent gebe. Das ist das Mindeste, was ich tun kann."

WAS KOMMT ALS NÄCHSTES?

Erling Haaland steht erst am Anfang seiner Karriere, verfolgt aber ambitionierte Ziele. Er will nicht nur mit Toren für Furore sorgen, sondern auch Titel gewinnen. In Dortmund? Woanders in Deutschland? Oder doch bei einem ausländischen Spitzenverein?

Dem BVB wird nachgesagt, ein gutes Sprungbrett für junge Spieler auf dem Weg nach ganz oben zu sein. Auch für Haaland stellt Dortmund nur eine Zwischenhürde dar, er will sich ohne viel Tamtam um seine Person weiterentwickeln. Angesichts seiner phänomenalen Leistungen wäre aus Sicht des BVB jede weitere Saison mit dem begehrten Stürmer als Erfolg zu bewerten. Die Crème de la Crème der europäischen Fußball-Elite steht nämlich schon längst bei ihm Schlange.

In Spanien machen in regelmäßigen Abständen Gerüchte die Runde, Champions-League-Rekordsieger Real Madrid wolle ihn unbedingt als neuen Superstar für sich gewinnen. Allerdings ist auch finanzstarken englischen Topklubs wie Manchester United, Manchester City oder dem FC Liverpool zuzutrauen, ins Tauziehen um den Linksfuß einzusteigen. Genauso wie Paris Saint-Germain, Frankreichs Dauermeister, und Juventus Turin, dem bereits 2018 an ihm interessierten Krösus der italienischen Serie A. Selbst Dortmunds Bundesliga-Rivale Bayern München könnte zu einem möglichen Kandidaten für eine Verpflichtung werden, sollte Robert Lewandowski eines Tages den Verein verlassen.

„Ich bin sehr glücklich in Dortmund", betont Haaland immer wieder. Für den von klein auf ambitionierten Stürmer ist aber auch klar: Er will möglichst viele Titel gewinnen, darunter die Champions League. Einer seiner größten Träume ist der Gewinn der Weltfußballer-Trophäe. Dafür muss er aber nicht nur auf Vereinsebene, sondern auch im Trikot der norwegischen Nationalelf überzeugen. Die erste große Gelegenheit dazu hat er möglicherweise bei der Weltmeisterschaft 2022 in Katar. So weit denkt Haaland aber noch nicht. „Ich lebe in der Gegenwart", sagt er. Und die heißt Borussia Dortmund. Deshalb lautet seine Mission fürs Erste: „Ich will mit dem BVB etwas erreichen – nicht immer nur Zweiter werden."

„Wenn er eines Tages gehen sollte, dann nicht wegen des Geldes, sondern wegen seines Ehrgeizes."
Mino Raiola

Wird Haaland seinem Ruf als einer der besten Stürmer Europas gerecht? Und: Bleibt er beim BVB oder schlägt er eine neue Richtung ein?

RÄTSELSPASS

Hier sind 20 Fragen, mit denen du testen kann, wie gut du Erling Haaland kennst. Die Antworten sind auf der letzten Buchseite zu finden.

1. In welcher Stadt wurde Haaland geboren?
2. Für welchen Verein aus Manchester spielte Haalands Vater?
3. Wie viele Geschwister hat Haaland?
4. Wie heißt Haalands erster Verein?
5. Welche zwei Top-Stürmer waren die Lieblingsspieler seiner Kindheit?
6. Welcher ehemalige Star war Haalands Trainer in Molde?
7. Wie wurde Haaland von seinen Mitspielern in Molde genannt?
8. Welchem Topklub erteilte Haaland vor seinem Wechsel nach Salzburg eine Absage?
9. Mit wie vielen Treffern wurde Haaland bei der U20-WM 2019 Torschützenkönig?
10. Gegen welches Team erzielte Haaland sein erstes Tor in der Champions League?
11. Wie viel zahlte der BVB für Haaland an Salzburg?
12. Aus welchem Land kommt sein Berater Mino Raiola?
13. Wie oft traf Haaland bei seinem Bundesliga-Debüt?
14. Wie viele Tore erzielte er in seinem ersten Champions-League-Spiel für den BVB?
15. Was isst Haaland am liebsten?
16. Was hilft Haaland gegen Stress?
17. Mit welchem Videospiel vertreibt sich Haaland seine Freizeit?
18. Unter welchem Künstlernamen rappte Haaland als Jugendlicher mit ein paar Freunden?
19. Wer gab Haaland Tipps beim Stylen seiner Haare?
20. Mit welchem Spieler versteht sich Haaland beim BVB am besten?

BILDERRÄTSEL

Viele Tore, viele Jubelpartner. Erkennst du, mit wem Haaland auf diesen Bildern zu sehen ist?